VENTE DES VENDREDI 20 ET SAMEDI 21 MARS 1891

HÔTEL DROUOT, SALLE N° 5

à 2 heures 1/4

TABLEAUX

Anciens et Modernes

OBJETS D'ART

ET

D'AMEUBLEMENT

Me G. DUCHESNE	M. A. BLOCHE
COMMISSAIRE-PRISEUR	EXPERT
6, rue de Hanovre, 6	25, rue de Châteaudun, 25

EXPOSITION PUBLIQUE

LE JEUDI 19 MARS 1891

de 1 heure 1/2 à 5 heures 1/2

[illegible]

[illegible]

[illegible]

[illegible]

[illegible]

CATALOGUE

DE

TABLEAUX

ANCIENS & MODERNES

PARMI LESQUELS

Une importante composition de Natoire

Armes — Miniatures — Vitraux anciens

Suite de douze assiettes de Nevers aux Apôtres

BRONZES — PORCELAINES — MEUBLES

EUROPÉENS ET DE L'EXTRÊME-ORIENT

Livres : *Contes de La Fontaine,* avec gravures

Tapis d'Aubusson et d'Orient

DONT LA VENTE AURA LIEU

HOTEL DROUOT, SALLE N° 5

Les Vendredi 20 et Samedi 21 Mars 1891

à 2 heures 1/4

Par le ministère de Mᵉ **G. DUCHESNE**, commissaire-priseur

Successeur de M. ESCRIBE

6, rue de Hanovre, 6

Assisté de **M. A. BLOCHE**, expert près la Cour d'appel

25, rue de Châteaudun, 25

Chez lesquels on trouve le présent Catalogue.

EXPOSITION PUBLIQUE

Le Jeudi 19 Mars 1891, de 1 heure 1/2 à 5 heures 1/2

CONDITIONS DE LA VENTE

La vente sera faite expressément au comptant

Les Acquéreurs paieront, en sus des adjudications, CINQ POUR CENT, applicables aux frais.

L'Exposition mettant le public à même de se rendre compte de l'état des objets, il ne sera admis aucune réclamation une fois l'adjudication prononcée.

Paris. — Imp. de l'Art, E. MÉNARD et Cⁱᵉ, 41, rue de la Victoire.

DÉSIGNATION DES OBJETS

TABLEAUX

1 — **Arlet (J.)**. Scène historique.

2 — **Belot (A.)**: Portrait de jeune fille orientale.

3 — **Boucher** (Attribué à). Jeune Berger et Bergère assis au pied d'un arbre, gardant leur troupeau et s'offrant des raisins.

4 — **Bourguignon** (Attribué à). Scène de bataille.

5 — **Carneri (G.)**. Servante d'auberge endormie, surprise par deux jeunes cavaliers.

6 — **Delacroix (Eugène)**. Figures et têtes d'hommes. Croquis à la plume.

7 — **Giani (P.)**. Retour des pêcheurs.

8 — **Girardet (Léon)**. Jeune Oriental fumant une cigarette. Aquarelle.

9 — **Hoorn (Van)**. Vue de Hollande.

10 — **Horn**. Pâturage et l'Inondation. Deux aquarelles.

11 — **Mireveld** (Attribué à). Portrait d'homme.

12 — **Natoire**. Vénus et Énée. Important panneau décoratif. Gravure ancienne.

13 — **Netcher**. Portrait de dame en costume Louis XIV, tenant un bouquet de fleurs.

14 — **Pépin**. Prairie dans l'Eure.

15 — **Plumier**. Portrait d'un personnage en armure du temps de Louis XIV.

16 — **Stone**. Courses de chevaux.

17 — **Van Dyck** (Attribué à). La Vierge et l'Enfant Jésus adorés par deux anges jouant de la musique.

18 — **Vernier (J.).** Le Début.

19 — **Waldek.** Gourmandise.

20 — **Wilkow (A.).** Paysage avec cours d'eau.

21 — **Wolski (J.).** Paysage russe. Le Traîneau.

22 — **Ecole du XVme siècle.** La Sainte Famille.
    Peinture intéressante provenant d'un réta-
    ble de l'époque.

23 — **Ecole flamande.** Portrait de femme.

24 — **Ecole flamande.** Le Jugement de Pâris.

25 — **Ecole flamande.** Paysage animé de
    figures,

26 — **Ecole de Fontainebleau.** Danaé.

27 — **Ecole française.** Diane et Actéon.

28 — **Ecole française.** Diane découvrant la
    grossesse de Calisto.
    Deux pendants ovales.

29 — **Ecole hollandaise.** Portrait de femme en
    costume du temps de Louis XV.

30 — **Ecole italienne**. Combat de cavaliers dans un paysage.

31 — **Ecole italienne**. Paysage ; effet d'orage. Deux pendants.

32 — **Ecole italienne**. Forteresse au bord de la mer.

33 — **Ecole italienne**. Paysage avec ruines, et animé de figures.

34 — **Ecole italienne**. Ports de mer. Deux pendants.

35 — **Ecole moderne**. Vue du vieux pont de César, à Dordevès (Loiret).

36 — **Ecole moderne**. Bergère et moutons.

37 — **Ecole moderne**. Mendiante.

38 — Photogravure, d'après Pinchart.

VITRAUX

39 — Grand vitrail ancien : la Crèche.

40 — Grand vitrail ancien : la Présentation au temple.

41 — Grand vitrail ancien : Jésus au milieu des Docteurs.

42 — Grand vitrail ancien : la Transfiguration.

43 — Vitrail du xvi⁰ siècle : Saint tenant un livre ouvert.

44 — Vitrail du xvi⁰ siècle : Saint Claude ressuscitant un mort.

45 — Vitrail même époque : figure de femme allaitant deux serpents.

46 — Deux vitraux : 1⁰ Évêque tenant un livre et la double croix ; 2⁰ l'Abondance.

47 — Vitrail ancien : Saint tenant un calice.

48 — Vitrail ancien représentant la Réception d'un néophyte à la porte d'une église.

49 — Vitrail ancien : le Christ descendu de la croix.

50 — Vitrail représentant un Empereur tenant l'épée et la boule du Monde.

51 — Vitrail représentant un personnage presque nu terrassant un cavalier.

52 — Vitrail : oranger.

53 — Vitrail : deux têtes d'hommes.

54 — Vitrail : Saint Nicolas.

55 — Vitrail ancien : figure allégorique de la Patience.

56 — Deux petits vitraux : têtes d'hommes.

57 — Quatre petits vitraux ronds : bustes d'hommes.

58 — Vitrail ancien : Abbé tenant une crosse.

59 — Troix vitraux : figure d'ange, saint François de Paul lavant les pieds ; trois bêtes.

ARMES

60 — Paire de pistolets Louis XIV, garnis en
argent, canons incrustés d'or.

61 — Tromblon du temps de Louis XV.

62 — Fusil à pierre à deux coups, à canon tordu
avec incrustation d'or ; il porte le nom de
Lesage, à Paris.

63 — Fusil à pierre à deux coups, crosse sculp-
tée, canon incrustés d'or, de Paliard, Vialle-
ton et fils, à Saint-Étienne.

64 — Fusil oriental, bois incrusté d'os, garniture argent.

OBJETS D'ART ET D'AMEUBLEMENT

65 — Joli écran en bois sculpté et doré avec panneau en velours rouge, orné d'écusson et
d'encadrements en broderie et application argent et satin.

65 — Très beau paravent, triptyque représentant peintes sur soie de gracieuses compositions dans le goût de Watteau, orné en haut d'un lambrequin et satin broché et brodé.

67 — Magnifique canapé en noyer sculpté, riche dessin rocailles fleuronnées sur fond d'or, couvert en tapisserie d'une grande finesse à médaillons allégoriques : Chasse au cerf et Fables de La Fontaine, encadrés de rinceaux et de guirlandes de fleurs sur fond rouge. Style Louis XV.

68 — Grand et beau tapis d'Aubusson, dessin à médaillons.

69 — Toilette à système en marbre blanc; montée sur bambou.

70 — Douze intéressantes assiettes en faïence de Nevers, représentant les Douze Apôtres, décor polychrome.

71 — *Contes et Nouvelles en vers*, par M. de La Fontaine. Jolie édition d'Amsterdam de 1762, enrichie de quatre-vingt-deux gravures.

de Ficquet, Chiffard. Reliure en peau, dorés
sur tranches. Deux volumes.

72 — *Contes et Nouvelles en vers*, par M. de
La Fontaine. Édition d'Amsterdam, 1762,
ornée de gravures. Deux volumes reliés.

73 — Baromètre rond; cadre en bois doré
Louis XVI.

74 — Grand vase avec couvercle en grès, décoré
de sujets mythologiques en bas-relief.

75 — Statuette en bronze : *Un Message d'amour*,
de Drouet.

76 — Statuette en bronze, jolie patine : Diane
chasseresse. Socle en marbre rouge avec perlé
de bronze.

77 — Coupe en verre de Venise, forme lobée.

78 — Meuble à deux corps en marqueterie de
bois; le haut formant cabinet; la partie infé-
rieure formant commode.

79 — Encoignure en marqueterie de bois rose
en palissandre Louis XV, garni de bronzes;
dessus en marbre brèche.

80 — Encoignure en palissandre marqueté, ornée
de bronzes, style Louis XIV; dessus en
marbre.

81 — Coupe en porcelaine de Chine sur pied en
argent gravé.

82 à 90 — Quarante et une pièces : assiettes
et plats en porcelaine de Vienne, décor à
feuilles de lierre.

91 — Deux magots en grès de Chine.

92 — Pendule Louis XVI en marbre, ornements
en bronze.

93 — Statuette en bronze vert : Faune dansant,
d'après l'antique.

94 — Grand bas-relief en bronze représentant
l'assassinat d'un Médicis. Encadrement en
bois noir.

95 — Petit lustre flamand en cuivre.

96 — Fontaine en cuivre avec bassin et support.

97 — Paire de lampes en bronze chinois.

98 — Deux vases en bronze japonais à fleurs et oiseaux en relief.

99 — Trois œufs d'autruche.

100 — Panneau japonais : oiseaux, insectes et feuillage.

101 — Onze petits bols et douze soucoupes en porcelaine de Chine, décor à paysage en bleu, rouge et or.

102 — Cinq tasses avec soucoupe en porcelaine de Chine, décor famille verte et famille rose.

103 — Sept assiettes en porcelaine de Chine, décor à paysages, bordure à fleurs en bleu.

104 — Cinq assiettes en porcelaine du Japon, médaillon central à paysages, bordure à vases et fleurs.

105 — Quatre assiettes en porcelaine du Japon, décor à fleurs en bleu.

106 — Six assiettes creuses eu porcelaine de Chine, décorées de fleurs et de crabes, famille rose.

107 — Quatre assiettes en porcelaine de Chine, décorées de paons et arbustes fleuris.

108 — Six assiettes en porcelaine de Chine, famille verte, décor à vase de fleurs au centre.

109 — Quatre assiettes en porcelaine du Japon, décor à jardinières, bordure à cartels de paysages.

110 — Quatre assiettes creuses en porcelaine de Chine. décor à kakémonos fleuris.

111 — Sept plats en porcelaine de Chine et du Japon, décors divers.

112 — Assiette en faïence de   , décor à fleurs en couleurs, bordure rocaille en relief.

113 — Trois groupes de personnages chinois, en porcelaine.

114 — Dix-neuf tasses et vingt-six soucoupes en porcelaine de Chine et du Japon, de divers décors.

115 — Une théière en porcelaine de Chine, fond maron à réserves.

115 — Deux grands bols en porcelaine de Chine
à bords festonnés, décor bleu.

117 — Deux plats en porcelaine de Chine, décor
à paons et arbustes en fleurs.

118 — Neuf assiettes en porcelaine de Chine,
décor à fleurs, oiseaux et insectes.

119 — Quatre assiettes en porcelaine de Chine,
décor à fleurs et insecte, famille rose.

120 — Quatre assiettes en porcelaine du Japon,
décor à jardinières fleuries, en bleu, rouge
et or.

121 — Cinq assiettes en porcelaine du Japon,
décor d'arbres en fleurs, en bleu, rouge
et or.

122 — Six compotiers en porcelaine du Japon,
décor à dragon en bleu.

123 — Cinq assiettes en porcelaine du Japon,
décor à personnages en bleu.

124 — Quatre assiettes en porcelaine du Japon,
décor bleu à paysage et fleurs.

125 — Trois assiettes en porcelaine du Japon,
décor à fleurs, en bleu, rouge et or.

126 — Trois assiettes en porcelaine de Chine,
décor à fleurs et oiseaux, en bleu, rouge
et or.

127 — Trois assiettes en porcelaine du Japon,
décor à fleurs et crabes en bleu, rouge et or.

128 — Trois assiettes en porcelaine de Chine,
décor famille rose, à personnages et arbres
en fleurs.

129 — Neuf assiettes en porcelaine de Chine,
décor à bordure, de la famille rose, et fleurs.

130 — Sept assiettes en ancienne porcelaine de
Chine, décor à fleurs, famille rose.

131 — Sept assiettes en porcelaine du Japon,
décor à fleurs et paysages avec rivière, en
bleu, sur fond blanc.

132 — Trois assiettes en porcelaine de Chine,
décor bambou fleuri.

133 — Trois assiettes en porcelaine de Chine,

décor en émail des familles rose et famille
verte, à fleurs et lambrequins.

134 — Deux assiettes en porcelaine de Chine de
la famille rose, décor à perruche et fleurs.

135 — Deux assiettes en porcelaine de Chine,
décor à paon, bambou et fleurs.

136 — Deux assiettes en porcelaine de Chine,
décor à arbre fleuri et insecte ; bordure à talis-
man et kakémenos, etc.

137 à 140 — Vingt-quatre assiettes en porcelaine
de Chine et du Japon, décors divers. (Sera
divisé).

141 — Châle en application.

142 — Tapis d'Orient.

143 — Deux petites miniatures rondes : Paysages
animés de figures.

144 — Trois miniatures : portraits d'homme et
de jeunes femmes.

145 — Quatre miniatures : portraits d'hommes.

146 — Trois miniatures : portraits de femmes.

147 — Trois pièces : boîte en émail, tabatière en écaille et petite boîte ronde, en bois sculpté.

148 — Meuble à étagères en bois sculpté du Japon avec panneaux incrustés de nacre et d'ivoire.

149 — Meuble en bois sculpté du Japon avec panneaux en soie brodée.

150 — Grand et beau brûle-parfums en bronze du Japon finement ciselé, avec anses au dragon couronné par groupe.

151 — Brûle-parfums à panse sphérique en bronze finement ciselé. Travail japonais.

152 — Six cendriers en métal.

153 à 155 — Trois paires de petits vases en bronze incrusté.

156-157 — Six plumiers en métal.

158 — Six coupe-papier en métal.

159 — Paire de vases en bronze du Japon.

160 — Paire de vases en bronze du Japon.

161 — Paire de vases en bronze du Japon.

162 — Paire de vases en porcelaine de Chine, fond rouge.

163 — Paire de vases en porcelaine de Chine, famille verte.

164 — Paire de vases en porcelaine de Chine craquelée.

165 — Paire de potiches en porcelaine de Chine flambée, fond rouge haricot.

166 — Paire de vases en bronze. Style ancien.

167 — Paire de potiches en porcelaine d'Imari, décor polychrome.

168 — Deux plats en porcelaine d'Imari.

169 — Deux plats en porcelaine d'Imari.

170 — Paire de vases en céladon.

171 — Paire de vases en porcelaine du Japon, décor bleu sur blanc.

172 — Paire de potiches en porcelaine de Chine, décor bleu sur blanc.

173 à 175 — Quatre petits brûle-parfums en bronze.

176 — Deux petits brûle-parfums en bronze.

177 — Trois petites jardinières en bronze.

178 — Trois figurines en faïence de Satzuma.

179 — Deux groupes en faïence de Satzuma.

180 — Deux chimères de Kutani.

181 — Quatre socles rectangulaires en bois de fer.

182 — Deux tabourets ronds en bois de fer.

183 à 185 — Trois paravents à quatre feuilles en soie.

185 — Paire de potiches de Chine, décor bleu sur blanc.

187 — Garniture de cinq pièces en porcelaine de Chine, décor bleu sur blanc.

188 — Paire de bouteilles en porcelaine, fond bleu turquoise, décor or.

189 — Paire de pots à thé en porcelaine de Chine, décor bleu sur blanc.

190 — Deux jardinières en porcelaine de Chine, famille verte.

191 — Paire de jardinières en porcelaine de Chine, décor bleu sur blanc.

192 — Deux jardinières en porcelaine d'Imari, décor polychrome.

193 — Paire de vases en porcelaine d'Imari, décor polychrome.

194-195 — Deux paravents à quatre feuilles, en étoffe peinte.

196 — Deux jardinières en bronze du Japon.

197 — Brûle-parfums en bronze du Japon.

198 — Brûle-parfums en bronze du Japon.

199 — Seau en bronze.

200 — Objets non catalogués.

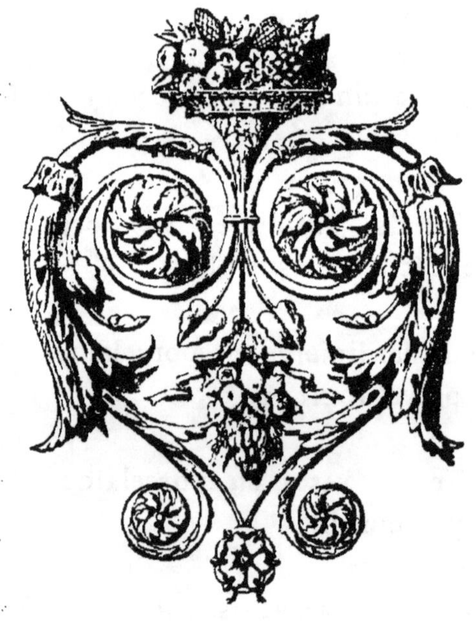